생선 아카데미

인간론❹

일하는 인간

프롤로그

생활 속 선교, 이것은 지난 2000여년간 기독교 공동체가 세상을 향해 꾸준히 던졌던 메시지입니다. 수많은 믿음의 선조들이 하나님을 아는 지식을 바탕으로 자신이 속한 가정과 일터에서 그 믿음을 지키는 삶을 살았습니다. 그들을 통해 가정이 바뀌고 일터 문화가 바뀌고 힘들었던 세상은 더 나은 세상으로 바뀌었습니다.

하나님은 우리 인간의 모든 영역에 관심을 갖고 계십니다. 생활 선교사는 각자 생활의 영역에서 하나님 사랑, 이웃 사랑을 실천하며 선교적 삶을 살아가는 사람입니다. 생활 선교사가 되기 위해서는 훈련이 필요합니다. 삶의 모든 영역에서 선교사의 역할을 감당하려면 성부, 성자, 성령 하나님은 어떤 분이신지, 우리는 어디로부터 와서 어디로 가는지, 인간의 창조와 타락과 구원의 과정은 어떠한지 이러한 다양한 주제에 대해 정리가 되어 있어야 합니다.

세상은 계속해서 우리를 속이려 하기 때문에 우리는 더욱 배우기를 힘써야 합니다.

> 악한 사람들과 속이는 자들은 더욱 악하여져서 속이기도 하고 속기도 하나니 그러나 너는 배우고 확신한 일에 거하라 너는 네가 누구에게서 배운 것을 알며 또 어려서부터 성경을 알았나니 성경은 능히 너로 하여금 그리스도 예수 안에 있는 믿음으로 말미암아 구원에 이르는 지혜가 있게 하느니라 딤후 3:13~15

생활 선교사를 줄여서 생선이라 표현하고 이분들을 훈련하는 아카데미를 개설했습니다. 온라인 방송은 세계 각 지역의 한인 디아스포라에게 생선 아카데미를 전파할 수 있는 좋은 수단이 되었습니다. 미국, 일본, 중국, 홍콩, 미얀마, 인도, 태국 등 다양한 나라에서 다양한 삶의 환경에 있는 분들과 함께 소통할 수 있었습니다. 이러한 강의 내용을 다 듣고 핵심을 정리하여 각각의 주제를 명확하게 이해할 수 있도록 소책자 형식으로 발간했습니다.

생선 아카데미는 총12개 주제로 이뤄져 있습니다. 이 책은 첫 번째 주제인 인간론에서 제4강 "하나님 나라의 통치 동역자"인 『일하는 인간』에 대한 수업 내용입니다. 하나님은 농부이시고 인간은 하나님과 함께 일해야 하나님이 원하시는 영적 열매를 맺을 수 있습니다.

생선 아카데미에 발을 들이신 독자 여러분 모두가 성경을 배우고 구원에 이르는 지혜를 깨달아 생활 선교사로서 각자 삶의 영역에서 복음을 전파하시길 소망합니다.

박진석 목사

● 생선 아카데미 3대 목표

1. 하나님의 권능, 지혜, 성품의 도움을 받아 세상 권세를 이긴다.

2. 생활 선교사로서 온전한 사랑과 믿음과 지식을 구비한다.

3. 배우고 깨달은 바를 적용하고 실천해서 삶의 실제적인 열매를
   맺는다.

1 장 / 가족의 모습: 보살핌

그리운 가족

스웨덴 출신 언어학자 헬레나 호지는 방언 연구를 위해 인도 북부 "라다크"라는 지역에 16년간 머물렀습니다. 이 시기의 깨달음을 정리한 『오래된 미래』(Ancient Future)라는 책이 있습니다. 서구사회가 주도해왔던 도시화, 상업화, 정보화의 급격한 변화를 따르지 않고, 농사를 지으며 평화롭게 사는 방식을 통해 치유적 지혜를 찾아보자는 내용입니다. 이 후로 "오래된 미래"라는 용어는 땅에 기반

한 자연친화적이면서 느린 삶의 방식을 미래에 적용하려는 지성인들에게 하나의 명제처럼 자리잡게 되었습니다. 이와 같이 옛 것을 현대에서 재해석하고 융합하려는 새로운 노력들을 "뉴트로 트렌드"라고 합니다. 최근의 전 국민적인 트로트 복고 열풍이나 판소리와 현대 대중 음악의 융합은 뉴트로 트렌드의 대표적인 모습일 것입니다. 더 나아가 과거의 삶의 방식이나 이야기에서 오늘의 문제에 대한 답을 발견하고, 지금은 희미해진 어떤 가치를 되살리려는 노력을 시도하기도 합니다.

이런 사회적 유행이 존재하다 보니 오래 전에 방영했던 인기 드라마가 재방영되는 모습도 흔히 볼 수 있습니다. 그 중의 하나가 바로 〈전원일기〉라는 드라마입니다. 옛스럽고 촌스러운 색감의 영상, 지금은 대선배가 된 배우들의 젊은 시절 모습, 상부상조하며 농사짓는 대가족의 이야기, 시골의 고즈넉한 풍경. 이 모든 것들이 〈전원일기〉를 구성하는 요소입니다. 1980년부터 2002년까지 방영된 〈전원일기〉는 긴 방영 기간이 보여 주는 것처럼 국민 드라마로서 많은 시청자들의 사랑을 받았습니다. 오랜 세월에 걸쳐 사랑을 받을 수 있었던 이유는 다름 아니라 "가족"이 함께 모여 살아가는 모습을 자연스럽게 이야기하고 있기 때문이 아닐까 생각합니다. 극 중에서 희노애락을 함께 나누는 평범한 가족의 이미지는 이 시대에 우리가 듣고 마주하는 가족의 모습과는 분명 많은 차이가 있습니다.

과거에 비해 가정 파괴, 가족 해체, 핵가족화, 1인 가구와 다문화 가족의 등장, 가족 대상 범죄의 증가 등은 가족과 이웃 사이에서 느낄 수 있는 정서를 점점 냉랭하게 만들어가는 듯합니다. 하지만 이 드라마는 평범한 가족들이 서로 품고, 이웃까지 돌보는 모습을 통해 소박한 인간애를 잘 보여줍니다. 이 드라마를 보는 장년들은 과거 가족의 따뜻함을 추억하며 아쉬워하겠지만, 젊은이들은 촌스러운 가족 분위기에 뭔가 어색함을 느낄 것입니다.

성경은 세상이 창조되기 전부터 영원한 삼위일체 하나님의 가족, 즉 성부 하나님과 성자 하나님이 성령 하나님 안에서 완전한 가족으로 사랑과 섬김으로 사귀고 있음(fellowship)을 묘사하고 있습니다.

> 태초부터 있는 생명의 말씀에 관하여는 우리가 들은 바요 눈으로 본 바요 자세히 보고 우리의 손으로 만진 바라 이 생명이 나타내신 바 된지라 이 영원한 생명을 우리가 보았고 증언하여 너희에게 전하노니 이는 아버지와 함께 계시다가 우리에게 나타내신 바 된이시니라 요일 1:1-2

사도 요한은 하나님 아버지와 아들의 사귐을 성령의 도우심으로 하나님의 자녀가 된 성도들도 함께 참여하여 누릴 수 있게 되었음을 증거하고 있습니다.

우리가 보고 들은 바를 너희에게도 전함은 너희로 우
리와 사귐이 있게 하려 함이니 우리의 사귐은 아버지
와 그의 아들 예수 그리스도와 더불어 누림이라
요일 1:3

하나님의 자녀가 된 성도들은 삼위일체 하나님
의 사귐을 이 땅에서 가정과 교회를 통해 훈련한
다고 할 수 있습니다. 가정의 머리나 교회의 머리
는 본질상 같은 예수 그리스도입니다. 그러므로 주
님의 말씀을 잘 배우고 실천하는 만큼 하나님과 한
가족으로서 사랑의 풍성함을 더 많이 누리게 될 것
입니다. 그런 의미에서 가정과 교회는 하나님을 대
적하는 영적 원수와의 가장 치열한 영적 전쟁터라
고 할 수 있습니다. 이 영적 싸움에서 성령의 검,
진리의 말씀으로 무장하여 믿음으로 싸워 승리하
게 될 때, 모든 지각에 뛰어난 하나님의 평강이 승
리의 전리품으로서 가정과 교회에 임하게 되는 것
입니다.

창세기 3장에서 죄를 지은 후 영광의 하나님에게서 숨어버린 아담과 하와를 하나님이 에덴동산에서 찾으시는 모습을 볼 수 있습니다. 에덴동산은 가장 높은 하늘에 계시는 거룩하신 하나님이 그의 자녀된 사람들과 한 가족으로 함께 교제하며 동행했던 거룩한 처소(성소)였습니다. 그러나 처음 아담 이후로 모든 사람들이 죄로 인해 이 지극히 거룩하신 지존자와 교제할 수 있는 은밀한 안식처(시 91편)를 잃어버리게 되었습니다. 에덴의 성소를 상실한 죄인들에게 성부 하나님은 성자 예수님을 통해 영원한 새 안식처에서(계 22장) 하나님의 가족으로 함께 살 수 있는 회복의 길을 열어주셨습니다. 이것은 단지 오래된 미래(Ancient Future)가 추구하는 이상적인 가족 관계의 회복을 넘어 삼위일체 하나님의 사귐에 참여하는 것을 말합니다. 우리는 기쁨의 소식을 거부하는 사망 권세의 시험을 이기고, 영원한 기업을 상속받은 하나님의 자녀들이 되어야 하겠습니다.

이기는 자는 이것들을 상속으로 받으리라 나는 그의
하나님이 되고 그는 내 아들이 되리라 계 21:7

가족의 의무

본래 사람은 하나님의 형상과 모양을 따라 땅에
서 왕노릇하는 하나님의 자녀로 창조된 피조물입
니다. 만왕의 왕이신 하나님의 로얄 패밀리입니다.
사람은 본래 거룩하신 하나님의 집, 즉 왕궁에서
사는 존재입니다. 그러나 죄로 인해 만왕의 왕의
왕궁에서 퇴출되고 말았습니다. 아버지의 집에서
퇴출된 후, 죄의 노예가 된 사람들을 구원해서 다
시금 하나님과 함께 왕노릇하는 자녀로 삼고자 이
세상에 오신 분이 예수님입니다(계 5:9-10).

하나님 아버지께서 보내신 구세주와 함께 우리
가 하나님의 가족이 되는 단순하고도 핵심적인 요
건에 대해 예수님은 이렇게 말씀하셨습니다.

누구든지 하늘에 계신 내 아버지의 뜻대로 하는 자가

내 형제요 자매요 어머니이니라 하시더라 마 12:50

하나님 집안의 가장이신 거룩하신 아버지의 뜻
대로 순종하는 자가 하나님의 가족이 됩니다. 이
부분에서 하나님의 아들 예수님이 하나님 아버지
의 뜻에 피흘려 죽기까지 복종하시는 완전한 본을
보여주셨습니다. 예수님은 메시아로서의 공적 생
애를 사시기 전, 삼십세 정도에 육신의 부모인 요
셉과 마리아의 말씀을 순종하여 받드셨습니다.

그 부모가 그가 하신 말씀을 깨닫지 못하더라 예수께

서 함께 내려가사 나사렛에 이르러 순종하여 받드시

더라 그 어머니는 이 모든 일을 마음에 두니라

눅 2:50-51

또한 아버지 요셉의 목수일을 도우며 동생들(막
6:3)을 사랑과 섬김으로 돌보는 거룩한 가정의 본을

이 땅에서 보여주셨습니다.

예수님은 하나님 아버지의 뜻을 온전히 순종하여 받드셨습니다. 또한 예수님을 믿음으로 하나님의 새 가족이 된 성도들을 지금도 약속하신대로 사랑과 섬김으로 돌보고 계십니다. 이를 통해 이 땅의 모든 가정들에게 천국 가정의 핵심적 원리인 부모에게 순종하고, 가족들 간에 서로 사랑하고 섬기는 돌봄과 사귐에 대해 삶으로 친히 교훈하여 주신 것입니다. 우리도 각자의 욕심과 이기심을 버리고 말씀에 순종하여 사랑하고 섬기면 영원한 천국 가정의 능력과 축복을 더 많이 누릴 수 있게 될 것입니다.

그들이 새 노래를 불러 이르되 두루마리를 가지시고 그 인봉을 떼기에 합당하시도다 일찍이 죽임을 당하사 각 족속과 방언과 백성과 나라 가운데에서 사람들을 피로 사서 하나님께 드리시고 그들로 우리 하나님 앞에서 나라와 제사장들을 삼으셨으니 그들이 땅에서 왕 노릇 하리로다 하더라 계 5:9-10

예수님이 십자가에서 모든 죄인들을 대신해 죽으신 사실을 믿는 하나님 자녀들은 당연히 가장이신 하나님 아버지의 말씀, 즉 그 뜻대로 순종하며 살아야 합니다. 사랑이신 하나님의 말씀, 즉 그 뜻의 핵심은 서로 사랑하는 것입니다. 삼위일체 하나님이 완전한 사랑으로 서로 화목하게 사귀는 본을 보여주신 것처럼 자녀된 우리들도 그렇게 하기를 원하십니다.

십자가 죄사함의 은혜를 믿어 하나님의 자녀가 되었어도 하나님의 말씀대로 행하는 순종이 없다면 그 믿음은 결국 죽은 믿음이 되고 맙니다. 살아 있는 믿음을 가진 성도라면 마땅히 순종이라는 삶의 열매가 나타나야 정상입니다. 이 과정에서 하나님의 자녀들의 마음에 불순종하도록 육신의 정욕을 충동질하여 거짓말로 시험하는 영적 원수들과 영적 전쟁이 발생하는 것입니다. 처음에는 시험에 빠져 낙심하고 의심하는 등의 패배를 경험하기도 하지만 하나님의 능력을 의지하는 법을 터득한 성도들은 마침내 승리하여 하나님 아버지께서 창세로부터 예비하신 나라를 상속받게 될 것입니다.

그 때에 임금이 그 오른편에 있는 자들에게 이르시되 내 아버지께 복 받을 자들이여 나아와 창세로부터 너희를 위하여 예비된 나라를 상속받으라 마 25:34

핵심과 나눔(Key points & Sharing points)

K1. 옛 것을 현대에서 재해석하고 융합하려는 새로운 노력을 무엇이라
고 합니까?

K2. 예수님은 이 땅의 모든 가정들에게 천국 가정의 핵심적 원리를 가
르쳐주셨습니다. 그 원리는 무엇입니까?

S1. 과거의 삶의 방식이나 문화를 그리워하는 마음이 있다면 이에 대해
나눠 봅시다.

S2. 우리를 충동질하여 하나님께 불순종하도록 유혹하는 원수들과의
영적 전쟁을 경험해 본 적이 있다면 나눠 봅시다.

2장 / 하나님의 모습: 농부

농부 하나님

하나님께서는 성령의 영감을 받은 여러 저자들을 통해 성경을 쓰게 하셨습니다. 그 저자들의 글 하나하나가 모여 완성된 "성경"에는 하나님에 대한 지혜와 지식의 보화들이 가득 담겨 있습니다. 더 나아가 이 세상과 인간, 즉 우리 자신에 대한 구원의 지혜와 지식의 보물들도 담겨 있지요. 그래서 누구든지 하나님의 말씀인 성경을 통해 영혼의 보물을 발견하기 원하는 사람들은 아이들이 소풍을 가서 숨은 보물을 찾는 듯한 심정으로 말씀을 읽고 묵상해야 합니다. 인격적인 하나님은 피조물인 우리에게 자기 자신을 계시하실 때 죄의 바이러스로 병든 우리들의 눈높이에 맞는 방식을 선택하셨습니다. 그 방식의 대표적인 예시가 바로 비유입니다. 신약 성경을 보면 성부 하나님 뿐만 아니라 성자 하나님이신 예수님도 비유적인 표현을 많이 쓰셨다는 것을 알 수 있습니다.

예를 들면 "토기장이"라는 하나님의 속성에 대한 비유가 성경에 나옵니다. 이 비유는 창조주 하나님이 흙을 빚고 가마에 구워 그릇을 만들어내는 존재임을 의미하기보다는, 하나님께서 창조하신 사람을 그 뜻대로 쓰시기 위해 어떻게 만드셨는지에 초점을 둡니다. 성경은 이런 비유들로 가득합니다. 아무나 하나님 나라의 비밀, 하나님의 신비를 깨닫지 못하도록, 목마른 사람처럼 하나님을 간절히 찾고 사모하는 자들이 그 깊은 뜻을 발견할 수 있도록 한 일종의 안전장치라고 할 수 있습니다.

이 글에서 본격적으로 살펴보고자 하는 비유는 "농부 하나님"입니다. 당신에게 농부의 이미지는 어떻습니까? 농부를 한번 떠올려보십시오. 농부는 어떤 일을 하고, 어떤 일의 주기를 가지고 있으며, 무엇으로 일하는 수고의 보람을 느낍니까? 이름대로 농부는 농사를 짓는 사람입니다. 벼, 보리, 밀, 포도, 무화과와 같은 농작물을 약 1년이라는 시간에 걸쳐 재배하는 것이 농부의 주요한 과업이지요. 어떤 작물을 재배하느냐에 따라 달라지겠지만, 벼 농사를 예로 들어 농부의 1년을 생각해 봅시다.

농부는 아름다운 황금빛 벼의 알곡을 추수하기 위해 추운 겨울부터 일합니다. 꽁꽁 얼어붙은 땅을 갈아엎어 땅에 공기가 잘 통하게 하고, 병충해를 막을 수 있도록 여러 작업을 합니다. 봄이 되면 준비해 둔 볍씨를 모판에 심어 모를 적당히 키웁니다. 날이 점점 따뜻해지면 어느 정도 자라난 모를 논에 옮겨 심습니다. 그 이후로는 추수 때까지 벼가 잘 자라날 수 있도록 물도 주고 비료도 주며 애

지중지 관리합니다. 가을이 와서 벼가 노랗게 익어 가고, 알곡이 여물어 고개를 숙일 때가 오면 농부는 알곡을 추수합니다. 겨울부터 가을까지 쉬지 않고 계속 일해 온 농부의 모든 사랑과 정성이 알곡에 고스란히 담겨 있는 셈입니다. 농부의 보람과 기쁨은 많은 알곡을 추수하는 데 있습니다.

나는 참 포도나무요 내 아버지는 농부라 요 15:1

성경의 곳곳에서 하나님을 이 세상의 밭에서 영혼의 열매를 추수하는 농부로 계시하고 있습니다. 요한복음은 예수 그리스도의 자기 비유로 유명한 복음서인데요. 예수님께서는 자기를 참 포도나무에 비유하시면서, 아버지 하나님을 농부라고 말씀하십니다. 이 본문에서 거룩하신 예수님은 자기에게 접붙여진 가지들, 즉 성도들은 자기 안에 거하여 많은 열매를 맺어야 한다고 가르치고 계십니다. 만약 열매를 맺지 못하는 가지가 있다면, 농부인 하나님 아버지께서는 그 가지를 제거해버리실 거라고 경고하시면서 말입니다.

> 무릇 내게 붙어 있어 열매를 맺지 아니하는 가지는 아버지께서 그것을 제거해 버리시고 무릇 열매를 맺는 가지는 더 열매를 맺게 하려 하여 그것을 깨끗하게 하시느니라 요 15:2

이와 통일적으로 연결시켜 이해할 수 있는 말씀이 이사야서에 나옵니다. 이사야 선지자도 성령의 감동에 사로잡혀 택하신 이스라엘 백성들을 포도나무에 비유하시며, 하나님이 친히 이 포도나무들을 심었다고 표현하십니다. 하나님께서는 모든 성경에 걸쳐 공통적으로 자기를 섬기는 이들이 "하나님의 백성"이라는 이름에 합당한 삶을 살기를 원하신다는 사실을 알 수 있습니다. 거룩하신 농부는 우리가 거룩한 열매, 의의 열매 맺기를 간절히 바라십니다.

나는 내가 사랑하는 자를 위하여 노래하되 내가 사랑
하는 자의 포도원을 노래하리라 내가 사랑하는 자에
게 포도원이 있음이여 심히 기름진 산에로다 땅을 파
서 돌을 제하고 극상품 포도나무를 심었도다 그 중에
망대를 세웠고 또 그 안에 술틀을 팠도다 좋은 포도
맺기를 바랐더니 들포도를 맺었도다 예루살렘 주민과
유다 사람들아 구하노니 이제 나와 내 포도원 사이에
서 사리를 판단하라 내가 내 포도원을 위하여 행한 것
외에 무엇을 더할 것이 있으랴 내가 좋은 포도 맺기를
기다렸거늘 들포도를 맺음은 어찌 됨인고 이제 내가
내 포도원에 어떻게 행할지를 너희에게 이르리라 내
가 그 울타리를 걷어 먹힘을 당하게 하며 그 담을 헐
어 짓밟게 할 것이요 내가 그것을 황폐하게 하리니
다시는 가지를 자름이나 북을 돋우지 못하여 찔레와
가시가 날 것이며 내가 또 구름에게 명하여 그 위에
비를 내리지 못하게 하리라 하셨으니 무릇 만군의 여
호와의 포도원은 이스라엘 족속이요 그가 기뻐하시는
나무는 유다 사람이라 그들에게 정의를 바라셨더니

도리어 포학이요 그들에게 공의를 바라셨더니 도리어

부르짖음이었도다 사 5:1-7

이 외에도 하나님을 세상에서 뭔가를 경작하고 재배하시는 농부의 이미지로 비유하는 본문을 성경 여러 곳에서 찾아볼 수 있습니다. 농부 하나님 아버지께서 그의 자녀된 처음 사람에게 에덴동산을 맡기고 그 땅을 경작하며 지키는 농사 일을 시킨 것은 결코 우연이 아닙니다.

여호와 하나님이 그 사람을 이끌어 에덴동산에 두어

그것을 경작하며 지키게 하시고 창 2:15

그러나 농부 하나님의 자녀된 아담과 하와는 거룩한 밭인 에덴동산에서 하나님이 원하시는 거룩한 열매를 맺지 못했습니다. 거짓 씨를 마음 밭에 받아들여 죄와 사망의 열매를 맺게 되었고, 결국 에덴동산의 기업을 잃고 추방되었습니다. 이후로 아담과 하와의 후손들도 본성상 죄인이 되어 농부 하나님이 원하시는 거룩한 열매, 성령의 열매를 맺는 것이 불가능한 존재가 되고 말았습니다.

> 오직 성령의 열매는 사랑과 희락과 화평과 오래 참음과 자비와 양선과 충성과 온유와 절제니 이 같은 것을 금지할 법이 없느니라 갈 5:22-23

우리가 이 세상에서 거룩한 열매, 성령의 열매를 많이 맺으면 농부 아버지께서 영광을 받으실 것이요, 우리는 주님의 제자라고 인정을 받게 될 것입니다.

> 너희가 열매를 많이 맺으면 내 아버지께서 영광을 받으실 것이요 너희는 내 제자가 되리라 요 15:8

농부 하나님께서 원하시는 성령의 열매는 오직 예수님의 십자가 희생의 은혜를 믿어야 맺을 수 있습니다. 더불어 좋은 열매, 거룩한 열매를 풍성히 맺기 위해서는 일생 죄와 싸우는 경건의 훈련을 해야 합니다. 좋은 마음의 밭을 가꾸기 위해 땀을 흘리는 수고를 해야 한다는 말입니다. 왜냐하면 아담과 하와가 타락한 이후, 땅도 함께 죄의 저주를 받았기 때문입니다(창 3:14-19).

농부의 절기

농부 하나님은 농사를 지으시되 때를 따라 아름답게(합당하게, 보시기에 좋게) 지으십니다.

> 하나님이 모든 것을 지으시되 때를 따라 아름답게 하셨고 또 사람들에게는 영원을 사모하는 마음을 주셨느니라 그러나 하나님이 하시는 일의 시종을 사람으로 측량할 수 없게 하셨도다 전 3:11

신약 성경은 십자가에 죽으시고 부활하신 예수님을 부활의 초태생, 즉 첫 열매라고 표현했습니다. 예수님이 죽음에서 부활하신 이후로 누구든지 참 포도나무이신 예수님과 믿음으로 하나(가지)가 되면, 그로부터 생명의 진액을 공급받아 부활의 열매를 맺게 됩니다.

> 그러나 이제 그리스도께서 죽은 자 가운데서 다시 살아나사 잠자는 자들의 첫 열매가 되셨도다 고전 15:20

농부 하나님은 이 세상에 말씀의 씨를 뿌려 성도들에게 영원한 생명을 주시기를 간절히 원하십니다. 성경은 예수 그리스도를 통한 구원 농사의 신비에 대해 말씀하고 있습니다. 레위기 23장은 다음과 같이 일곱 가지 농사 절기를 언급합니다.

첫째, 유월절
둘째, 무교절
셋째, 초실절
넷째, 오순절

다섯째, 나팔절

여섯째, 속죄일

일곱째, 초막절, 장막절, 수장절

여기 있는 일곱 가지 농사 절기들은 이스라엘 민족의 조상들이 이집트에서 탈출한 후 광야 교회(행 7:38)에서 배우고, 가나안 땅(궁극적으로는 하늘의 귀한 성)에 들어가기까지의 모든 과정을 배경으로 하고 있습니다. 이스라엘 민족은 대대로 이런 절기들을 지키면서 자기 민족의 기원과 구원의 하나님에 대해 묵상했습니다.

비(非) 이스라엘인, 즉 이방인인 우리에게는 이스라엘의 절기들이 낯설고 어색합니다. 당연한 말이지요. 이런 절기들이 성경에 있다고 해서 우리들도 이 절기들을 이스라엘 사람들처럼 문자 그대로 지켜야한다는 말은 아닙니다. 실제로 이스라엘 사람들도 이 여호와의 일곱 절기를 문자대로 온전하게 지키지는 못했습니다. 이것은 예수 그리스도를 통한 농부 하나님의 구원 농사에 대한 비유입니다. 이들의 이야기를 통해 신약의 성도들인 우리 역시 구원의 하나님에 대해 더 잘 알 수 있고, 일곱 절기들이 지니고 있는 정신과 교훈을 배울 수 있습니다. 이제 각 절기들이 가지고 있는 구속사적 의미들에 대해 살펴보도록 합시다.

먼저는 유월절입니다. 유월절은 하나님께서 이집트의 압제 아래에 있는 이스라엘 민족의 고통을 아시고, 그들을 그곳에서 탈출시키려고 하셨던 때를 기념하는 절기입니다. 이 민족적 구원의 때를 기념할 때 이스라엘 백성에게 가장 강렬하게 떠올랐을 사건은 이집트 전역에 걸친 초태생(장자)의 죽음과 각자의 집에 바른 유월절 어린 양의 피일 것입니다. 하나님께서는 모세를 통해 이집트에 있는 모든 사람들에게 어린 양의 피를 집의 문 인방과 좌우 설주에 바르라고 명령하셨습니다. 이 말씀에 순종한 사람들은 사망의 심판에서 장자를 잃지 않고 무사히 살아남을 수 있었습니다.

이스라엘 장로들의 유전에 의하면 이때 함께 출애굽한 수많은 잡족들(이방인들, 출 12:38)도 어린 양의 피를 바르고 구원 받은 것으로 전해지고 있습니다. 이 어린 양의 피는 대속의 희생제물이 되신 예수님이 십자가에서 흘리신 보혈을 예표하는 것입니다.

둘째, 무교절은 유월절에 바로 이어지는 절기로서 여러 가지 특징이 있지만 그 중에서 누룩이 없는 빵(무교병)을 먹는다는 특징을 가지고 있습니다. 누룩은 성경에서 흔히 결점과 흠, 즉 죄를 의미합니다. 하나님의 사람들은 유월절 어린 양으로 피흘리신 예수님을 통해 정결케 되었습니다. 누룩 없는 빵을 먹는 무교절을 통해 우리는 죄를 경계하며 거룩하게 살아야 한다는 교훈을 얻을 수 있습니다.

셋째, 초실절은 봄절기의 농작물인 첫 밀의 수확을 감사하는 절기로서, 땅에 떨어져 죽은 것만 같았던 한 알의 밀이 새롭게 부활하여 자라남을 의미합니다. 이 초실절은 부활의 첫 열매이신 예수 그리스도의 부활 사건을 교훈하는 절기라고 할 수 있습니다.

넷째, 오순절은 칠칠절이라고도 하며 초실절로부터 50일째 되는 날을 기념하는 절기입니다. 그리스도 안에 있는 우리에게는 오순절이 조금 더 특별하게 느껴지는데, 바로 사도행전에 나타난 오순절 "성령 강림 사건" 때문입니다. 농부 하나님 이야기에서 주목하고 싶은 부분도 이 부분입니다. 예수님께서 부활하시고 승천하신 후, 오순절에 사도의 가르침을 들으러 모인 수많은 군중들은 이스라엘 민족뿐만 아니라 이방인들 역시 하나님의 백성으로 받아들여질 수 있다는 사실을 경험했습니다. 이 세상 곳곳에 파송된 제자들을 통해 이방인인 우리들도 의의 나무로 심기게 되었습니다. 이는 우리가 천국 복음의 씨앗을 뿌리는 사람으로 존재가 바뀌었음을 의미합니다.

다섯째, 나팔절은 유대력으로 7월의 첫 날을 알리는 절기였습니다. 유대력으로 7월 1일은 이스라엘의 설날입니다. 절기 이름에 나타난 것처럼 나팔을 불어 절기의 시작을 알렸으며, 나팔 소리를 들은 유대 백성들은 함께 모여 하나님께 감사하며 안식했습니다. 이 역시 오순절과 마찬가지로 그리스도 안에 있는 우리에게는 절기 그대로의 관습보다는 예수님의 재림을 떠올리게 만드는 역할을 합니다.

여섯째, 속죄일은 히브리어로 욤 키푸르라고 하는데 대제사장이 유대력으로 7월 10일에 성전(성막)의 지성소 법궤 앞까지 나아가 흠 없는 짐승의 피를 뿌림으로 민족적 죄사함의 은혜를 받는 절기입니다. 예수님이 말씀하신 대로 큰 환난 가운데 재림하실 때를 의미합니다(마 23:37-39).

일곱째, 초막절은 세 가지 이름으로 불리는데, 장막절, 초막절, 수장절이 그것입니다. 초막절은 이집트에서 탈출하여 40년간의 광야 생활 동안 하나님께서 보호해주신 역사를 기념하기 위한 절기입니다. 초막절은 추수한 곡식을 농부의 창고에 들

여놓는 시기와 맞물려 있습니다. 이 역시 성령으로 거듭난 우리에게 먼 훗날 하나님의 심판 앞에서 알곡은 하나님의 곳간에 들어가고 열매 없는 가라지는 밖에 내다 버려질 것임을 시사해주기도 합니다.

이와 같이 우리는 성경에 나타난 이스라엘의 주요 절기들을 통해서 말씀의 씨앗을 심고 꼼꼼히 수확하시는 농부 하나님의 애정과 정성을 느낄 수 있습니다. 하나님은 구원의 농사를 절대 게을리 짓지 않으십니다. 하나님의 자녀로 다시 태어났다고 말하는 우리의 삶은 어떤 모습입니까? 하나님께서 기쁘게 받으실 만한 풍성한 성령의 열매를 맺고 있습니까?

모든 마음의 중심과 행위를 하나님이 다 알고 계십니다. 하나님께서 빚으신 그릇에도 여러 종류가 있는 것처럼, 하나님께서 심으신 나무에도 여러 종류가 있을 것입니다. 그러나 그 모든 것은 일방적으로 정해지는 운명이 아닙니다. 우리는 숙명론자처럼 가만히 주어지는 상황을 받아들이고 수동적으로 움직여야만 하는 존재가 아닙니다. 우리는 하나님 앞에서 능동적으로 어떤 그릇이 되고 어떤 열매를 맺고 싶은지 스스로 분발하여 열심을 낼 수 있습니다. 하나님은 우리의 열심을 아시고 그렇게 될 수 있게끔 역사하실 것입니다. 참 포도나무이신 예수님께 믿음으로 붙어있는 지체들은 좋은 열매, 성령의 열매를 맺어 농부의 창고에 소중하게 보관될 것입니다.

구원의 농사

하나님이 하시는 구원의 농사는 사람의 마음 밭에 썩지 않는 영생의 말씀 씨앗을 심는 일로부터 시작됩니다. 이때부터 그 영혼은 생명수의 강가에 심긴 것입니다(계 22:1-3). 영생의 약속을 굳게 붙잡고 물가에 심긴 나무처럼 하나님의 말씀을 가까이 해야 합니다(시 1편). 농부 하나님은 친히 의의 나무로 심으신 사람들이 잘 자라나 열매를 맺고 다시 복음의 거룩한 씨를 세상 곳곳에 뿌려 구원의 열매를 더 많이 맺기를 원하십니다.

무릇 시온에서 슬퍼하는 자에게 화관을 주어 그 재를
대신하며 기쁨의 기름으로 그 슬픔을 대신하며 찬송
의 옷으로 그 근심을 대신하시고 그들이 의의 나무 곧
여호와께서 심으신 그 영광을 나타낼 자라 일컬음을
받게 하려 하심이라 사 61:3

　하지만 농부 하나님이 원하는 성령의 열매, 구
원의 열매를 풍성히 맺는 것이 쉽지만은 않습니다.
점점 복음을 전하기 어려운 때가 되어가는 것도 사
실입니다. 왜냐하면 사람들의 마음 밭에 죄의 가
라지가 점점 더 많이 자라고 있기 때문입니다. 농
부 하나님의 구원 농사에 함께 동참하여 일생 동안
수고하고 애를 써야 풍성한 좋은 열매를 거둘 수가
있습니다.

　예수께서 비유로 여러 가지를 그들에게 말씀하여 이

르시되 씨를 뿌리는 자가 뿌리러 나가서 뿌릴새 더러
는 길 가에 떨어지매 새들이 와서 먹어버렸고 더러는
흙이 얕은 돌밭에 떨어지매 흙이 깊지 아니하므로 곧
싹이 나오나 해가 돋은 후에 타서 뿌리가 없으므로 말
랐고 더러는 가시떨기 위에 떨어지매 가시가 자라서
기운을 막았고 더러는 좋은 땅에 떨어지매 어떤 것은
백 배, 어떤 것은 육십 배, 어떤 것은 삼십 배의 결실
을 하였느니라 마 13:3-8

예수께서 그들 앞에 또 비유를 들어 이르시되 천국은
좋은 씨를 제 밭에 뿌린 사람과 같으니 사람들이 잘
때에 그 원수가 와서 곡식 가운데 가라지를 덧뿌리고
갔더니 싹이 나고 결실할 때에 가라지도 보이거늘 집
주인의 종들이 와서 말하되 주여 밭에 좋은 씨를 뿌리
지 아니하였나이까 그런데 가라지가 어디서 생겼나이
까 주인이 이르되 원수가 이렇게 하였구나 종들이 말
하되 그러면 우리가 가서 이것을 뽑기를 원하시나이
까 주인이 이르되 가만 두라 가라지를 뽑다가 곡식까

지 뽑을까 염려하노라 둘 다 추수 때까지 함께 자라게
두라 추수 때에 내가 추수꾼들에게 말하기를 가라지
는 먼저 거두어 불사르게 단으로 묶고 곡식은 모아 내
곳간에 넣으라 하리라 마 13:24-30

마태복음 13장은 예수님께서 천국에 대해 비유
로 가르쳐주신 교훈들을 가득 담고 있습니다. 위의
두 비유에서 예수님은 사람들의 마음 밭에 대해 교
훈하고 있습니다. 첫 번째 비유인 네 가지 밭 비유
에서 길 가, 돌 밭, 가시떨기, 좋은 밭, 이렇게 총 4
가지의 마음 밭이 있다고 했습니다. 두 번째 비유
에서는 복음을 심은 사람의 마음 밭에서 열매를 맺
고 있는 두 종류의 수확물을 말씀하십니다.

이 이야기는 천국 복음의 말씀을 같이 들었어도
모든 사람이 복음에 합당한 열매를 맺는 것은 아니
라는 구원 농사의 진실을 보여줍니다. 누군가는 일
꾼들이 눈물로 뿌린 거룩한 말씀의 씨, 즉 복음을
듣고 갖은 고난과 역경의 시험에도 불구하고 농부

하나님이 기뻐하시는 풍성한 열매를 맺습니다. 반면에 그냥 복음의 메시지를 튕겨 내버리거나 금새 빼앗기는 사람들도 있습니다. 어떤 이는 메시지를 받아들인 것 같았으나 삶의 풍파에 휩쓸리다 보니 믿음을 잃고 방황하기도 합니다.

천국 복음의 씨를 뿌리라는 사명을 받은 우리들에게는 구원의 농사 일에 게으름을 피우며 편하게 지내고 싶은 마음이 있습니다. 각자가 이 마음을 깊은 곳에 감추고 말을 하지 않을 뿐입니다. 가장 현실적인 이유는 하나님의 말씀을 거절하는 세상 분위기 속에 살고 있기 때문입니다. 이름 뿐인 성도가 아니라 진지하게 예수님의 말씀에 순종하는 삶을 살 때 비웃음을 사게 되거나 왕따가 될 수도 있다는 두려움과 염려가 있을 수 있습니다.

어떤 성도는 자신의 믿음이 아직은 연약하기에 누군가에게 복음을 담대히 전하기 어려울 수도 있습니다. 믿음이 굳건하여지고 성장하고 싶은 마음도 있지만 이대로 적당하게 편하게 있고 싶은 두 마음이 존재하기도 합니다. 이는 거룩한 말씀의 씨를 심은 각 성도들의 마음 밭의 상태가 다르기 때문입니다. 또한 각자의 마음 밭에서 일하고 계시는 하나님의 때와 시기도 다릅니다. 그대로 안주하려고 하지 말고 계속 성장, 성숙해 가기를 애쓸 필요가 있습니다.

예수님께서 세상에서 복음의 씨앗을 뿌렸던 당시에도 수많은 표적과 능력을 직접 봤음에도 불구하고 예수님을 배척하고 손가락질했던 사람들이 있었지요. 그럼에도 불구하고 예수님의 천국 복음을 듣고 구원의 열매를 맺는 사람들이 있었습니다. 쉼없는 농부 하나님의 구원 농사에 동참한 제자들의 수고로 인해 지금 우리들도 구원의 열매로 익어가고 있지 않습니까? 이 시대에도 우리들이 전하는 복음을 듣고 구원을 받는 사람들이 있지 않습니까? 그 어떤 만남과 상황 가운데에서도 말씀의 씨앗을 뿌리는 성도들은 성령 하나님께서 항상 동행하고 계십니다.

복음을 전해야 한다는 부담감과 두려움에만 집중해서는 안 됩니다. 우리가 진정으로 두려워해야 하는 것은 복음의 말씀을 마음 밭에 심었음에도 불구하고 깊이 뿌리내리지 못하여, 농부 하나님 앞에 합당한 열매를 맺지 못할 수도 있다는 가능성입니다. 마태복음 13장의 농사 비유가 먼저 믿은 우리들에게 이런 경고를 주고 있지 않습니까? 복음을 듣고, 지식적으로 알고 있다는 사실만으로 잘했다는 칭찬을 받을 수는 없습니다.

구원의 텃밭인 교회 안에 있을지라도 죽을 때까지 죄의 유혹을 이기고 하나님의 백성답게 살지 못한 사람에게는 그에 응당한 결과가 기다리고 있을 것입니다. 하나님 앞에 아름다운 열매를 맺는 사람은 주님의 마음과 삶을 본받는 사람입니다. 우리가 그리스도인으로서 신경 써야 할 것은 다른 사람들이 어떻게 살고 있는지, 내가 다른 사람들이 보기에 얼마나 멋지게 살고 있는지가 아닙니다. 오직 우리의 주인이신 하나님의 시선과 판단에 초점을

두어야 합니다. 하나님의 마음을 의식할 수 있을
때, 타인을 향한 하나님의 긍휼도 느낄 수 있을 것
입니다.

핵심과 나눔(Key points & Sharing points)

K1. 요한복음에서 예수님은 자기를 어떤 나무에 비유하셨습니까? 또한
   이 비유에서 아버지 하나님은 무슨 역할을 하시는 분이라고 말씀
   하셨습니까?

K2. 레위기 23장에서 언급하는 일곱 가지 농사 절기와 각각의 구속사
   적 의미는 무엇입니까?

S1. 거룩한 열매, 풍성한 열매를 맺기 위해서 어떤 노력을 하고 있는지
   나눠 봅시다.

S2. 천국 복음의 씨를 뿌리라는 사명을 어떤 식으로 실천하고 있는지
   나눠 봅시다.

3 장

자녀의 모습: 성장

농부의 DNA

지금까지 우리는 예수 그리스도 안에서 하나님
의 새 가족이 되었다는 이야기로부터 시작하여 하
나님 아버지가 농부라는 것, 그리고 자녀로서 아버
지의 구원 농사일을 거들어야 하는 것에 대해 살펴
보았습니다. 하나님께서는 자기의 하나뿐인 아들
인 예수 그리스도를 이 땅에 보내심으로써 이 세상
을 향한 하나님의 포기하지 않는 사랑을 증명하셨
습니다. 죄로 오염된 이 세상을 하나님의 나라로

회복하기 위하여 하나님의 자녀들을 통해 지금도 쉬지 않고 일하고 계십니다. 하나님 아버지는 예수 그리스도 안에서 복음의 말씀을 통해 우리를 하나님의 자녀로 낳으셨습니다. 그리고 성령 하나님과 성경의 말씀으로 우리를 양육하시고 성장시키시며 돌보고 계십니다. 우리가 느끼지 못할 때가 많지만 늘 함께하시며 지극정성으로 하나님의 온전하신 뜻을 이루도록 수고하고 계십니다. 마치 황금빛 벼의 알곡을 추수하기 위해 1년 내내 애를 쓰는 농부처럼 말입니다.

하나님의 자녀 된 우리의 믿음은 그 사랑을 먹고 자라 속사람이 장성한 어른의 분량에 이르러야 합니다. 어떤 부모도 자식이 어린아이의 수준에 머물러 있기를 바라지 않습니다. 부모는 아이가 자라서 어엿한 성인으로서 사회에서 제 몫을 하기를 바랍니다. 하나님 아버지의 마음도 마찬가지입니다. 하나님 아버지는 자녀 된 우리가 농사의 주인이신 하나님과 같은 꿈을 꾸기를 원하십니다. 즉 농사가 잘되어 풍성한 열매의 즐거움을 함께 누리기를 원하십니다.

다른 말로 하자면 농부 아버지의 집안일을 물려받기를 원하시는 것이지요. 이는 사실 복잡하지 않습니다. 우리가 받은 은혜의 말씀이 수많은 사람들의 마음 밭에도 뿌려져 구원의 열매를 맺기를 원하시는 겁니다. 그 풍성한 추수의 기쁨을 소망하면서 눈물로 쉼없이 복음의 씨를 뿌렸던 분이 바로 예수 그리스도이십니다.

눈물을 흘리며 씨를 뿌리는 자는 기쁨으로 거두리로다 시 126:5

농부 아버지는 자신의 자녀들에게 독생자 예수님처럼 집안일에 동참하여 수고하면 영원한 상을 주시겠다고 약속하셨습니다. 하지만 죄의 영향을 받은 우리들의 습성과 연약함은 이러한 수고의 고생을 싫어하는 경향이 있습니다. 죄의 유혹이 많은 세상에서 자기 믿음 하나 지키기도 힘듭니다. 구원의 농사 일에 동참하여 천국 복음을 전해보기도 하지만 크고 작은 시험이 오거나 고난이 오면 낙심하여 주저앉기도 합니다. 그렇기에 아버지 하나님의 자식 농사에 힘을 다해 참여하는 자녀들은 그리 많지 않습니다.

우리는 때로 복음을 담대하게 전하는 것을 부끄러워할 때가 있습니다. 삶의 여러 측면들과 다양한 인생들 앞에서 예수님을 믿는 믿음을 지키려고 힘겹게 씨름하는 인생이 초라하게 느껴질 때도 있습니다. 가끔은 하늘에 숨어 계시는 하나님의 깊은 뜻을 몰라 원망하기도 합니다. 내 믿음 하나도 부지할 수 없는데 다른 사람에게 복음을 이야기하기란 결코 쉬운 일이 아니지요. 기껏 전한 복음이 뿌듯함이 아니라 모멸감을 줄지도 모르는 두려움 앞에서 우리의 믿음은 점점 약해져 갑니다. 속사람이 말씀과 성령의 능력으로 충분히 강건하지 않기 때문에 나타나는 현상입니다. 하지만 포기해서는 안 됩니다. 많은 신앙의 선배들이 이와 같은 믿음의 선한 싸움을 통해 굳건한 신앙인으로 성장했기 때문입니다. 믿음의 장성한 분량에 이르기까지 동행하며 도우시는 주님을 의지해야 하겠습니다. 안일한 마음, 낙심의 마음이 들 때마다 다음의 성경 구절을 깊이 묵상합시다.

> 내가 기도할 때에 기억하며 너희로 말미암아 감사하기를 그치지 아니하고 우리 주 예수 그리스도의 하나님, 영광의 아버지께서 지혜와 계시의 영을 너희에게 주사 하나님을 알게 하시고 너희 마음의 눈을 밝히사 그의 부르심의 소망이 무엇이며 그의 힘의 위력으로 역사하심을 따라 믿는 우리에게 베푸신 능력의 지극히 크심이 어떠한 것을 너희로 알게 하시기를 구하노라 엡 1:16-19

하나님께서는 우리를 항상 돌보고 계십니다. 하나님께 순종할 수 있는 힘과 지혜를 공급하여 주십니다. 비록 세상적으로는 초라해 보여도 역사의 주관자요, 만물의 주관자이신 하나님의 뜻에 합당하게 살아가고 있다면 그가 바로 세상의 주인공입니다. 우리 믿음의 담보는 예수 그리스도입니다. 하나님 아버지께서는 죽기까지 아버지의 뜻에 순종하신 예수님을 죽음에서 부활하게 하심으로 자신의 보좌 옆에 앉혀 만물의 통치자로 세우셨습니다. 의로우신 재판장이신 하나님 아버지로부터 하늘과 땅의 모든 권세를 위임받아 다스리고 계시는 예수 그리스도가 우리 구원의 반석이며 영원한 터가 되십니다.

우리는 현실에 안주하려는 안일한 태도를 버리고, 하나님께서 예수님을 통해 우리에게 약속해 주신 모든 기업의 영광과 풍성한 은혜에 감사하며 찬송해야 마땅할 것입니다. 그 은혜에 만분의 일이라도 보답하는 삶을 이 땅에서 살아가야 할 것입니다. 이것이 하나님의 놀라운 은혜를 깨달은 성숙한 자녀들의 마음가짐입니다.

이런 마음가짐을 갖고 살았던 좋은 본보기가 있습니다. 바로 사도 바울입니다. 바울은 과거에 그리스도인들을 박해하는 자 중의 한 사람이었지만, 십자가에 달려 죽은 예수가 구약의 말씀에서 계시한 메시아, 즉 그리스도라는 진리를 깨닫고 삶의 모든 방향을 바꾸었습니다. 바울은 거듭나서 복음의 놀라움과 신비를 전하고자 하는 불타는 사명감을 갖게 되었습니다. 신약 성경에서 바울서신이 가장 많은 분량을 차지하는 것으로도 알 수 있듯이, 복음 전파에 대한 열정은 그의 전생애에 걸쳐 거룩한 불로 계속 타올랐습니다.

바울은 자신의 가정과 민족적 배경과 지리적 한계를 뛰어넘어 로마와 스페인까지 눈물을 흘리며 거룩한 복음의 씨를 뿌리는 삶을 살았습니다. 때로는 배를 타고 가다가 거센 풍파를 만나기도 하고, 옥에 갇히기도 하고, 죽다가 살아날 정도로 매를 맞으면서도 주님이 맡기신 복음 전파의 사명에 충성을 다했습니다. 눈앞에 보이는 사람들의 미움과 살의 앞에서 아무리 바울이라도 두렵지 않았겠습니까? 그러나 그는 성령 안에서 하나님의 사랑과 격려를 느꼈고 하나님 나라를 마음에 품고서 어려움을 넉넉히 이겨낼 수 있었습니다.

바울은 로마서 11장에서 참감람나무와 돌감람나무에 대한 이야기를 합니다. 참감람나무는 하나님께 제사장 나라로 선택을 받은 이스라엘 민족을 가리킵니다. 돌감람나무는 그 외의 민족들, 즉 이방인들을 가리킵니다. 농부 하나님이 원하시는 좋은 열매를 끝내 맺지 못한 이스라엘 민족은 정해진 때까지 우둔하게 되었다고 성경은 말합니다. 반면에 좋은 열매를 맺을 수 없었던 돌감람나무인 이방 민족들은 예수님을 통하여 참감람나무 가지에 접붙였다고 설명합니다. 바울의 교훈은 이방인인 우리들을 구원의 은혜에 대한 감사의 삶과 함께 은혜의 빚을 갚는 삶으로 초청하고 있습니다. 물론 우리 모두가 이방인의 사도였던 바울처럼 살아야 된다는 이야기는 아닙니다. 모두가 같은 분량과 모양으로 살 수 없습니다. 다만 모든 하나님의 자녀들이 이것만큼은 기억했으면 좋겠습니다. 우리를 자녀로 낳아서 하루하루 길러주시는 하나님 아버지의 크신 은혜 말입니다.

일하는 인간

이 세상의 밭을 일구어 하나님의 나라로 가꾸고 싶다는 농부 하나님의 꿈은 인간을 동역자로 삼아 이루어질 예정이었습니다. 그러나 이 꿈은 하나님의 동역자가 되어야 할 사람이 죄로 인해 타락함으로 깨어진 듯이 보입니다. 사람이 피조물의 위치를 망각하고 스스로 하나님이 되고자 생명의 근원이신 하나님과의 관계를 끊어버렸기 때문입니다. 아담과 하와가 선악을 알게 하는 나무의 열매를 먹은 사건은 이런 의미를 담고 있습니다. 피조물이 창조주가 되려고 절대로 넘어서는 안되는 자유의지의 경계를 넘어서고 만 것입니다. 피조물이 창조주의 품을 떠난다면 어떤 모습으로 살아가게 될까요? 그

결과 하나님과의 올바른 관계 안에서 누리던 영광과 즐거움을 상실하고 말았습니다. 죄로 인해 타락한 아담과 하와에게는 하나님의 징벌이 주어졌습니다. 아담은 일생을 수고하고 땀을 흘려 땅을 경작해야만 양식을 얻을 수 있는 상태가 되고 말았습니다. 아담의 타락과 함께 삶의 터전인 땅도 같이 저주를 받아 엉겅퀴와 가시를 내는 상태가 되어버렸습니다(창 3:18).

농부 아버지의 형상을 쏙 빼닮은 사람은 타락 이후에도 여전히 땅을 갈며 살아가고 있습니다. 아버지에게 받은 농부의 DNA를 자식도 물려받은 것이지요. 그러나 인간의 부패로 저주를 받은 땅에서 일평생 땀흘리고 농사지어 먹고 사는 일은 본질상 썩을 양식을 위하여 일하는 것입니다. 그래서 주님은 하나님의 자녀가 된 성도들에게 썩지 않을 영원한 생명의 양식을 위해서 일하라고 당부하셨습니다.

썩을 양식을 위하여 일하지 말고 영생하도록 있는 양

농부는 농작물을 추수하기 위해 물심양면으로 애를 씁니다. 하나님께서는 무엇을 추수하기 위해 애를 쓰실까요? 하나님께서 거두고자 하시는 작물은 사람, 즉 주님을 닮아가는 사람들의 영혼입니다. 아버지의 농사에 적당한 이름을 붙이자면 "구원의 자식 농사"라 부를 수 있을 것입니다. 하나님의 관심사는 오로지 창조 세계의 회복, 즉 하나님 나라의 완전한 회복입니다. 그것이 죄의 바이러스로 인해 병들고 고통하는 창조 세계를 고치는 유일한 치료제이기 때문이지요.

하나님께서는 예수 그리스도를 이 땅에 보내셔서 피조물, 그 중에서도 본래 하나님의 형상과 모양을 따라 창조되어 만물을 다스리도록 창조된 사람에게 하나님의 자녀가 될 수 있는 길을 열어주셨습니다. 예수 그리스도 안에서 비로소 만물이 새롭게 거듭나는 일이 가능해진 것입니다.

> 그런즉 누구든지 그리스도 안에 있으면 새로운 피조
> 물이라 이전 것은 지나갔으니 보라 새 것이 되었도다
> 고후 5:17

　하나님은 우리의 주권자이십니다. 우리는 이 사실을 인정해야만 합니다. 인정한다는 말은 곧 믿는다는 의미입니다. 성자 하나님이신 예수님과 동고동락했던 베드로는 성도들에게 가장 높은 하늘 보좌에 숨어 계신 주님을 믿음의 눈으로 바라보며 즐거워하라고 권면했습니다.

> 예수를 너희가 보지 못하였으나 사랑하는도다 이제도
> 보지 못하나 믿고 말할 수 없는 영광스러운 즐거움으
> 로 기뻐하니 벧전 1:8

　우리가 직접 볼 수 없는 것을 마치 눈에 보이는

것처럼 믿음으로 바라보라고 하는 것은 무리한 요구입니다. 눈에 보이지도 않는 하나님의 말씀에 순종하여 내 삶의 모든 부분을 바꿔야 하고, 그분을 위해 희생하는 삶까지 살아야 한다고요? 이는 분명 육체의 감각에 갇힌 우리 스스로의 힘으로는 불가능한 일입니다.

우리는 이러한 신앙의 여정에서 걸음마를 배우는 아기들처럼 자주 넘어지기도 합니다. 때로는 삶을 포기하고, 믿음 마저도 포기하고 싶다는 마음을 품기도 합니다. 그러나 말씀을 통해 자신을 계시하고 있는 하나님은 우리의 연약함을 모르지 않고 다 아십니다. 성자 하나님이신 예수님은 직접 사람이 되어 그 연약함을 몸소 체험하셨습니다. 하나님께서는 예수 그리스도의 영, 즉 성령 하나님을 우리 심령에 보내셔서 우리의 연약함을 돕고 계십니다. 우리는 성령 하나님의 일하심을 통해 눈에 보이지 않는 하나님을 점차 보게 됩니다. 이런 과정을 통해 우리는 완전한 하나님의 사람으로 성장하게 되는 것입니다.

> 만일 우리가 보지 못하는 것을 바라면 참음으로 기다
> 릴지니라 이와 같이 성령도 우리의 연약함을 도우시
> 나니 우리는 마땅히 기도할 바를 알지 못하나 오직 성
> 령이 말할 수 없는 탄식으로 우리를 위하여 친히 간구
> 하시느니라 롬 8:25-26

이러한 하나님의 역사하심에 대한 우리의 반응
은 하나님의 인도하심을 거부하느냐, 아니면 순종
하느냐 두 가지뿐입니다. 살다보면 하나님의 뜻을
따르기 어렵고 곤란한 상황에 처하기도 합니다. 때
로는 시험이 불같이 강렬하여서 불시험이라고 말
하기도 하지요. 한마디로 하나님의 뜻에 순종하기
가 죄성을 갖고 있는 우리에게 결코 쉬운 일이 아
니라는 것입니다.

그 어떤 것보다 생생하게 다가오는 세상의 현실
앞에서, 눈에 보이지 않는 어떤 것을 믿음으로 바

라보기란 어려운 일입니다. 그렇기에 기도와 말씀을 통한 경건의 훈련이 필수 과목인 것입니다.

토기장이이자 농부이신 하나님께서는 하나님의 사람을 아름답게 빚으십니다. 우리는 스스로의 행실에 대해 후한 평가를 주기 어려울지 모릅니다.

"에이, 나 같은 게 무슨."
"나는 어제도 누군가를 미워하고 질투했는데."
"나는 그리스도인으로서는 0점이야."

반대로 어떤 분은 자신에 대한 사랑과 자부심이 지나치게 넘칠 수도 있습니다.

"내가 천국 안 가면 누가 가겠어."
"나는 성경도 잘 알고 교회에서 봉사도 열심히 하니까 나 정도면 괜찮은 성도지."

과연 하나님의 관점에서는 어떨까요? 하나님도

나를 그와 같은 방식으로 평가하실까요? 이에 대한 답은 아무도 모릅니다. 오직 마음의 중심을 다 보시는 하나님만 아시겠지요. 한 가지는 확실합니다. 죽기 전까지 우리 모두는 계속 예수 그리스도의 모습으로 성장해야 한다는 것입니다.

우리가 하나님의 자녀로서 얼마나 바른 마음과 행실로 살아가고 있는지는 오직 의로운 재판장이신 하나님의 말씀을 통해 점검할 수 있습니다. 하나님의 기준 앞에 서서, 그 기준에 합당한 하나님의 사람이 되고자 하는 목적을 잃어버려서는 안 됩니다. 우리를 도우시는 하나님의 손을 기억하면서 기쁨과 감사로 동행할 때, 우리는 하나님이 귀히 쓰시는 그릇, 즉 하나님이 기뻐하시는 거룩한 열매로서 살아갈 수 있습니다.

핵심과 나눔(Key points & Sharing points)

K1. 하나님의 놀라운 은혜를 깨달은 성숙한 자녀들은 어떤 마음가짐을 가져야 합니까?

K2. 죄로 인해 타락한 아담과 하와가 감당해야 할 징벌은 무엇이었습니까?

S1. 복음을 전하지 못하고 부끄러워한 경험이 있다면 나눠 봅시다.

S2. 성령님께서 우리의 연약함을 도우셨던 경험을 나눠 봅시다.

생선 아카데미 / 인간론 ④
일하는 인간

2022년 3월 14일 초판 발행

지 은 이 | 박진석

펴 낸 이 | 김수홍
편   집 | 유동운, 김설향
디 자 인 | 사라박
펴 낸 곳 | 도서출판 하영인
등   록 | 제504-2019-000001호
주   소 | 포항시 북구 삼흥로411
전   화 | 054) 270-1018
블 로 그 | https://blog.naver.com/navhayoungin
이 메 일 | hayoungin814@gmail.com
인스타그램 | https://www.instagram.com/hayoungin7

ISBN 979-11-92254-00-5(03230)

값 4,900원

＊ 도서출판 하영인은 복음이 전해지지 않은 곳에 신앙에 유익한 도서를
   보급하는 데 앞장섭니다. 해외 문서 선교에 뜻이 있는 분들의 참여를
   기다립니다.
   후원 _ 국민은행 821701-01-597990 도서출판 하영인